Mental Maths Answers

Starter Book and Books 1 to 6

Anita Straker

CAMBRIDGE
UNIVERSITY PRESS

PUBLISHED BY THE PRESS SYNDICATE OF THE UNIVERSITY OF CAMBRIDGE
The Pitt Building, Trumpington Street, Cambridge, United Kingdom

CAMBRIDGE UNIVERSITY PRESS
The Edinburgh Building, Cambridge CB2 2RU, UK
40 West 20th Street, New York, NY 10011–4211, USA
477 Williamstown Road, Port Melbourne, VIC 3207, Australia
Ruiz de Alarcón 13, 28014 Madrid, Spain
Dock House, The Waterfront, Cape Town 8001, South Africa

http://www.cambridge.org

First published 1996
Sixth printing 2004

Printed in the United Kingdom at the University Press, Cambridge

A catalogue record for this book is available from the British Library

ISBN 0 521 58929 0 paperback

Answers: *Mental Maths Starter Book*

Mental Maths Starter Book is for children aged six and upwards. It involves addition and subtraction facts to 5, then to 10, then to 20. This extends to sums like 14 + 10 or 20 + 3 and differences such as 24 – 10 or 30 – 2. Multiplication and division by 2, 3, 4 or 5 in the range 0 to 20, and by 10 up to 10 × 10, are included. Questions cover ordinal numbers and introduce place value of tens and units. Odd and even numbers to 20, and simple fractions, are touched upon, as are days of the week, use of coins to 20p, and recognition of simple 2D shapes.

Task 1a

1 4
2 4
3 3
4 3
5 5
6 3
7 2
8 6

Task 1b

1 6 is more
2 2p and 1p
3 5
4 One half
5 4 socks
6 D
7 4p
8 A rectangle

Task 1c

3 1 4 2

or its reflection

2 4 1 3

Task 1d

1 4
2 6
3 2
4 3
5 1
6 3
7 10
8 9

Task 2a

1 2
2 L
3 5
4 A circle
5 2 is less
6 3
7 4
8 3 toffees

Task 2b

1 2
2 4
3 1
4 4
5 2
6 3
7 3
8 1

Task 2c

1 2
2 6
3 2
4 5
5 5
6 8
7 7
8 4

Task 2d

2	4	1
2		5
3	3	1

Task 3a

1 Friday
2 3 sides
3 5
4 2 chews
5 5 is odd
6 5
7 7
8 2, 3, 5, 7.

Task 3b

Task 3c

1 2
2 2p and 2p
3 2
4 1 bird
5 N
6 8 is even
7 5p
8 One half

Task 3d

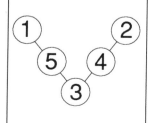

or variations.

1

Task 4a

1   1
2   6
3   1
4   3
5   5
6   3
7   6
8   4

Task 4b

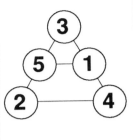

Task 4c

1   5
2   2
3   4
4   2
5   5
6   0
7   6
8   4

Task 4d

1   Blacky
2   Star
3   Amber
4   Star
5   Amber
6   Jess
7   Star
8   Amber

Task 5a

1   8
2   6
3   5
4   1
5   5
6   3
7   4
8   7

Task 5b

1   1
2   7p
3   W
4   One quarter
5   8 legs
6   Monday
7   3p
8   3 cherries

Task 5c

Greatest total is 9, or 2 + 3 + 4, in the bottom row.

Least total is 5, or 2 + 1 + 2, in the diagonal from top right to bottom left.

Task 5d

1   6
2   2
3   4
4   2
5   16
6   20
7   3
8   6

Task 6a

1   5p and 1p
2   14 is greater
3   2
4   A triangle
5   5
6   2 and 4
7   4 corners
8   9 fish

Task 6b

1   12
2   6
3   10
4   7
5   7
6   12
7   20
8   2

Task 6c

2 5 3   6 4

Each ring has a total of 10, half the sum of all the numbers.

Task 6d

1   11
2   16
3   6
4   11
5   8
6   3
7   1
8   13

Task 7a

1   5
2   50
3   5
4   12
5   8
6   0
7   14
8   4

Task 7b

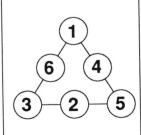

Task 7c

1   15
2   15
3   6
4   8
5   10
6   9
7   10
8   50

Task 7d

1   6
2   21
3   4 kg
4   4 years old
5   2
6   11
7   3 boxes
8   A square

Task 8a

Eight possibilities:
- 2 kg
- 3 kg
- 4 kg
- 5 kg
- 6 kg
- 7 kg
- 8 kg
- 10 kg

Task 8b

1. 2 and 6
2. 30
3. 2
4. 12 is even
5. 12 shoes
6. 19
7. 7 days
8. 5

Task 8c

1. 3
2. Tuesday
3. 4 sides
4. 11p
5. 18
6. 5p and 2p
7. 3 boxes
8. 3 rectangles

Task 8d

For 11: 4 sets

1	1	9
1	3	7
1	5	5
3	3	5

To extend, try
13: 5 sets
15: 8 sets

Task 9a

1	$6 \times 1p$	6p
2	$3 \times 2p$	6p
3	$7 \times 5p$	35p
4	$4 \times 10p$	40p
5	$5 \times 20p$	£1

Task 9b

1. 0
2. 1
3. 16
4. 10
5. 30
6. 4
7. 14
8. 16

Task 9c

					7	8
	4					
13	14	15	16	17		
	24	25	26			
		35				

Task 9d

1. 7
2. 14
3. 10
4. 4
5. 46
6. 17
7. 3
8. 8

Task 10a

1. 2
2. 2
3. 2
4. 12
5. 9
6. 9
7. 6
8. 16

Task 10b

7	3	2
3	6	4
3	1	6

Task 10c

1. 2
2. 20
3. 22
4. 6
5. 4
6. 10
7. 14
8. 2

Task 10d

1. 19p
2. 10
3. 2p, 2p and 1p
4. 3 triangles
5. 10
6. Tuesday
7. 15
8. 12 legs

Task 11a

1. 50
2. 12 is less
3. 7 and 3
4. One half
5. Five 10p coins
6. 7 is half way
7. 5 cakes
8. A hexagon

Task 11b

1. 6
2. 20
3. 7
4. 2
5. 18
6. 8
7. 6
8. 15

Task 11c

1. 40
2. 9
3. 10
4. 12
5. 12
6. 8
7. 19
8. 7

Task 11d

5 ways

1	4		2	3
6	2		5	3

3	2		4	1
4	4		3	5

5	0
2	6

Task 12a

They should each carry 10 kg (half the total of all 6 bags).

(8 + 2) kg and
(4 + 3 + 2 + 1) kg

Task 12b

1   32 is greater
2   Nearer to 5
3   8 corners
4   Four 5p coins
5   11
6   14 eyes
7   2 tens
8   4

Task 12c

1   1 ten
2   8, 23, 27, 41
3   15 is odd
4   5 squares
5   15 dots
6   20p and 20p
7   6
8   3p

Task 12d

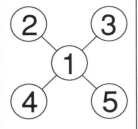

Task 13a

1   AN = 7
2   IT = 7
3   GAG = 5
4   NAN = 11
5   TIN = 11
6   ANT = 12
7   INN = 10
8   GAIN = 10

Task 13b

1   10
2   28
3   16
4   5
5   10
6   3
7   18
8   30

Task 13c

Next number: 10
The next: 12
And the next: 14

The pattern is even numbers so the 10th number is 20. 20th number is 40.

Task 13d

1   9
2   4
3   20
4   14
5   24
6   3
7   3
8   20

Task 14a

1   1
2   50
3   100
4   60
5   7
6   11
7   7
8   16

Task 14b

1   3
2   50p, 20p, 10p
3   One quarter
4   16 legs
5   Nearer to 10
6   13
7   4 tens
8   8 triangles

Task 14c

9 patterns
cloud, cloud
cloud, sun
cloud, rain
sun, sun
sun, cloud
sun, rain
rain, rain
rain, cloud
rain, sun

Task 14d

1   11
2   12
3   4
4   18
5   39
6   9
7   3
8   60

Task 15a

1   8p
2   10p, 2p, 2p, 1p
3   20
4   An octagon
5   Wednesday
6   Nearer to 20
7   14p
8   14 cakes

Task 15b

1   13
2   17
3   3
4   18
5   5
6   2
7   9
8   12

Task 15c

There are 7 different solutions, plus 7 reflections.

        1 3 5 2 4
        1 4 2 5 3
        2 4 1 3 5
        2 4 1 5 3
        2 5 3 1 4
        3 1 4 2 5
        3 1 5 2 4

Task 15d

1   4
2   9
3   16
4   11
5   17
6   5
7   2
8   4

Answers: *Mental Maths 1*

Mental Maths 1 is for seven- to eight-year-olds. It involves addition and subtraction facts to 10, and then to 20. This extends to sums like 20 + 40, 24 + 10 or 20 + 3 and differences such as 50 – 30, 38 – 10 or 30 – 2. Multiplication and division in the range 0 - 20, and by 10 up to 10 × 10, are included. The tasks cover ordinal numbers, place value of tens and units, rounding to the nearest 10, odd and even numbers, simple halves and quarters, telling the time (o'clock and half-past), days of the week and months of the year, use of coins to 20p, estimates with common metric measures (cm, m, kg, l) and recognition of 2D shapes.

Task 1a

1   8
2   5
3   8
4   5
5   8
6   8
7   6
8   3
9   14
10   3

Task 1b

1   6 sweets
2   4 is even
3   White triangle
4   7 days
5   7 skittles
6   10
7   9p
8   7p
9   2 cakes
10   3 hours

Task 1c

1   S
2   Q
3   U
4   A
5   R
6   E

Task 1d

1   10
2   4
3   12
4   6
5   2
6   3 dots
7   8
8   5
9   7
10   3

Task 2a

1   4 o'clock
2   April
3   6 years old
4   Black
5   2p
6   13 is odd
7   The square
8   5 marbles
9   4 toffees
10   3

Task 2b

1   4
2   5
3   2
4   9
5   8
6   6 cm is less
7   19
8   1
9   10
10   5p and 2p

Task 2c

1   3
2   10
3   10
4   2
5   16 is even
6   20
7   6
8   9
9   2
10   3

Task 2d

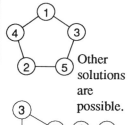

Other solutions are possible.

Task 3a

1   11
2   4 corners
3   5p and 5p
4   2 hours
5   Black
6   10 toes
7   4p more
8   Thursday
9   3 and 5
10   3 apples

Task 3b

1   Kelly
2   Ian
3   Ann
4   Carol
5   Lisa
6   3 years
7   Ian
8   Ram
9   3 years
10   4 years old

Task 3c

1   11 is odd
2   Saturday
3   12
4   Nearer to 10
5   8 o'clock
6   Ninth
7   3 boxes
8   Shaded circle
9   5
10   6 socks

Task 3d

Task 4a

1. 9
2. 0
3. 8
4. 7
5. 3
6. 42
7. 15 kg is more
8. 7
9. 6
10. 5

Task 4b

1. January
2. 5 o'clock
3. 3 sides
4. 100 cm
5. 13
6. 17, 23, 32, 71
7. 5 days
8. 3
9. 2p, 2p, 2p
10. White

Task 4c

1. 3
2. 6
3. 60
4. 10
5. 6
6. June
7. 12
8. 2
9. 2
10. 8

Task 4d

1. 6p
2. 9p
3. A lollipop
4. 8p
5. 5p
6. 2p
7. 5 toffees
8. 5p
9. 5p and 2p
10. 5p and 5p

Task 5a

1. 10
2. 10
3. 4
4. 2
5. 5
6. 61 is more
7. 9
8. 100
9. 4
10. 9

Task 5b

1. Half past 8
2. Centimetres
3. Wednesday
4. 12 months
5. Three coins
6. 432
7. 0
8. 7
9. 36
10. A rectangle

Task 5c

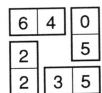

Task 5d

1. 4
2. 9
3. 12 is less
4. 3
5. 1
6. 9
7. 2p, 2p, 1p
8. 0
9. 5
10. 12

Task 6a

1. 3 corners
2. 4 months
3. Kilograms
4. 5p, 2p, 1p
5. Half
6. 14 conkers
7. 1 hr (60 mins)
8. 16p
9. 4 days
10. 6 apples

Task 6b

1. 10p
2. 10
3. 12
4. 11
5. 4
6. 6 and 4
7. 15p
8. 12
9. 10
10. 73 is greater

Task 6c

a.

4	2	5	1
3	1	2	2
3	3	4	2
1	3	0	4

b.

2	1	6	1
7	2	3	2
2	1	6	1
7	2	3	2

Task 6d

1. 6
2. 12
3. 14
4. 4
5. 3
6. 11
7. 9
8. 3
9. 16 is less
10. 100

Task 7a

1. 12
2. Nearer to 10
3. 24 hours
4. 13
5. 100
6. 8
7. 4 kg
8. 9
9. 2
10. 20

Task 7b

1. A hexagon
2. Saturday
3. 3 coins
4. 12
5. cm (or inches)
6. 14
7. 4p
8. 14 books
9. 5 months
10. 5 triangles

Task 7c

1. 4 tens (or 40)
2. 60
3. 7
4. Nearer to 20
5. 8
6. 10
7. Sat. and Sun.
8. 70
9. 14
10. 20

Task 7d

5   1 2 3 4

1 4   2 3 5

2 3   1 4 5

Task 8a

1. Friday
2. 18 children
3. 4 corners
4. 10p, 5p, 5p
5. Nearer 1 kg
6. 2 halves
7. 8 and 13
8. 16
9. February
10. 4, 1

Task 8b

Task 8c

1. 8 o'clock
2. 7p change
3. kg (or lbs)
4. 12
5. 15
6. 19p
7. 6 chews
8. 5 pieces
9. 12 hours
10. One half

Task 8d

Tom has 19 books.

Task 9a

1. **so** = 12
2. **do** = 6
3. **on** + **or** = 18
4. **ago** = 12
5. Yes: **odd** = 7
6. **sad** = 11
7. Both equal 11
8. **nor** − **add** = 8
9. **drag** = 10
10. **roars** = 19

Task 9b

1. 5
2. 50
3. 4
4. 11
5. 3
6. 33
7. 6
8. 14
9. 12
10. 15

Task 9c

1. 3 hours
2. 5 sides
3. About 7 cm
4. Nearer to 10
5. A rectangle
6. 10p, 2p, 1p
7. 77, 76, 70, 67
8. 14 days
9. October
10. White

Task 9d

1. 90
2. 11
3. 20
4. 8
5. 9
6. 12
7. 16
8. 19
9. 9
10. 9

Task 10a

1. 12
2. 15
3. 5
4. 17
5. 9
6. 3
7. 16
8. 3
9. 30
10. 2

Task 10b

1p	3p	2p
3p	2p	1p
2p	1p	3p

or reflections
or rotations of this

Task 10c

1. 60
2. 20
3. 11
4. 9
5. 21
6. 12
7. 18
8. 5
9. 24
10. 13

Task 10d

1. Metres
2. 11 o'clock
3. An octagon
4. January
5. 2 boxes
6. 9 marbles
7. 5p, 2p, 2p, 1p
8. One quarter
9. Nearer 1 m
10. 6 rectangles

Task 11a

1. Half past four
2. Monday
3. 6 sides
4. Autumn
5. 38p
6. 4 quarters
7. Metres (or ft)
8. A pentagon
9. 10 eggs
10. 5 people

Task 11b

1. 80
2. 11
3. 14
4. 9
5. 7
6. 15
7. 15
8. 4
9. Ten 2p coins
10. 18

Task 11c

1. 69
2. 17
3. 99
4. 8
5. 23
6. 15
7. 5
8. 20
9. 20
10. 2

Task 11d

1	4	7	6
9			10
8	3	5	2

9	0	7	3
8			5
2	3	3	11

2	3	5	10
17			6
1	13	2	4

Task 12a

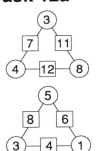

Task 12b

1 Litres
2 7 and 9
3 07:30 (7:30 am)
4 November
5 8 corners
6 Three quarters
7 70
8 5p, 5p, 5p
9 Nearer 30 kg
10 Friday

Task 12c

1 Winter
2 5 litres
3 A semi-circle
4 km or miles
5 4
6 102
7 4 ropes
8 Two 5p coins
9 6 birds
10 6 squares

Task 12d

a.
$5 - 4 + 3 + 2 - 1 = 5$
or
$5 + 4 - 3 - 2 + 1 = 5$

b.
$2 + 2 - 3 + 4 - 5 = 0$

Task 13a

1 8 catches
2 Peter
3 11 catches
4 14 catches
5 Peter
6 7 catches
7 12 catches
8 11 catches
9 Ann
10 8 more

Task 13b

1 23
2 9 tens (or 90)
3 14
4 8
5 16
6 One half
7 20
8 40
9 18
10 10p, 5p, 2p, 2p

Task 13c

1 1000 g in a kg
2 3:30 (or 03.30)
3 2 edges
4 2 weeks
5 One half
6 Spring
7 150
8 20 cm short
9 3
10 13

Task 13d

1 90
2 – (minus)
3 5
4 80
5 15
6 6
7 14
8 34
9 28
10 1

Task 14a

1 5
2 4
3 2p
4 6
5 45
6 + (plus)
7 16
8 13
9 48
10 4 coins

Task 14b

1 12 marbles
2 12 gloves
3 3 packets
4 40
5 3 cakes each
6 10p
7 A circle
8 50 cm
9 20
10 20p

Task 14c

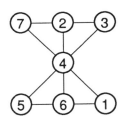

Other arrangements
are possible.

Task 14d

1 14
2 0
3 4
4 54
5 101
6 × (times)
7 8
8 2
9 1
10 14

Task 15a

1 11
2 January
3 The triangle
4 Summer
5 1000 ml in 1 l
6 About 20 kg
7 Two wholes
8 4 coins
9 Midnight
10 One quarter

Task 15b

1 100
2 ÷ (divided by)
3 One whole
4 11
5 96
6 24 is even
7 30
8 89
9 3 and a half
10 110

Task 15c

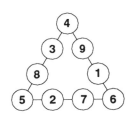

Task 15d

1 One half
2 10
3 23
4 50
5 21 is odd
6 0
7 410
8 8
9 24
10 54

Answers: *Mental Maths 2*

Mental Maths 2 is for most eight- to nine-year-olds. It reinforces the use of addition and subtraction facts to 20. It develops addition and subtraction of 10, then 100, to or from two- or three-digit numbers. The 2, 5 and 10 times tables are covered, and other multiplication facts in the range 1 to 25, with simple problems involving remainders. Tasks cover place value up to 1000, then beyond, rounding to the nearest 10 or 100, use of simple fractions and decimals (halves, quarters, fifths, tenths), telling the time (quarter to and quarter past), simple estimates with common metric measures, use of all coins, and recognising common 3D shapes.

Task 1a
1. 55
2. 16
3. 26
4. £1
5. 8
6. 5
7. 35
8. 10
9. 40
10. 8

Task 1b
1. 8
2. 3.5 kg
3. 21
4. 30 minutes
5. 61, 60, 59
6. 9 goals
7. 10
8. 20p, 5p, 2p
9. 4p change
10. 6 triangles

Task 1c
1. 24
2. 10
3. 9
4. 31 days
5. 25
6. A cube
7. 0
8. 50p, 10p
9. 20
10. 100

Task 1d

Task 2a
1. 1 right angle
2. 38p
3. 5 minutes
4. 16 tyres
5. 14
6. 7 people
7. £24
8. 50
9. 30 seconds
10. 2 left turns

Task 2b
1. 9
2. 18
3. 17
4. 3
5. 5
6. 20p, 20p, 10p
7. 25
8. 110
9. 5p
10. 14

Task 2c
1. 24
2. 190
3. 5
4. 11
5. 9
6. 350
7. 4
8. 20p, 10p, 2p, 1p
9. 365 (leap 366)
10. 30

Task 2d
Some solutions are:

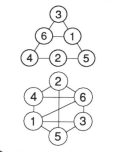

Task 3a
1. 8
2. 66, 68, 86, 88
3. 40 kg
4. 409
5. 17 cm
6. Ten 10p coins
7. 16
8. £14
9. 13, 27, 21
10. 45 mins (3/4 h)

Task 3b
E.g.

With 1 or 9 in the centre, lines with totals of 12 or 18 can be made.

Task 3c
1. A cone
2. 100 cm
3. 70 years
4. 3 packets
5. 5
6. £1.10
7. 1 litre
8. 12
9. 4 more
10. 2 right angles

Task 3d
1. 7
2. 17
3. 20
4. 25
5. 30
6. 30 days
7. 280
8. 12 legs
9. 2 hours
10. 50

9

Task 4a

1. 9
2. 30
3. £5
4. 20
5. 23
6. 9
7. 5 and a half
8. 4
9. 9
10. 106

Task 4b

Task 4c

1. £1.50
2. 30
3. 21
4. 7
5. 8 cm
6. 24
7. 31 days
8. 12
9. 2 kg
10. Nearer to 80

Task 4d

1. C – A
2. A + E
3. B – A
4. B + D
5. D – B
6. E – C
7. C – B
8. B + C
9. D – A
10. A + C

Task 5a

1. 22
2. 2
3. 8
4. 10
5. 8
6. 10p
7. 35
8. 28 days (29)
9. 17
10. 999

Task 5b

1. 200
2. 80 litres
3. 30 miles
4. 6
5. A cylinder
6. No
7. 800
8. 10 children
9. Quarter past 3
10. A: 5p, 10p
    B: None

Task 5c

1. 12
2. 23
3. 40
4. 50
5. 9
6. 3
7. 36
8. 106 is less
9. 4
10. 12 km

Task 5d

Solutions must have this pattern.

E	O	E
O	O	O
E	O	E

O=odd
E=even

One solution is:

2	5	6
9	3	1
4	7	8

Task 6a

1. 13 and 7
2. 500
3. 8 pairs
4. 3 litres
5. 80
6. 12p
7. A pyramid
8. 11
9. 3.5 hours
10. 72p

Task 6b

1. 5
2. 7
3. 53
4. 5
5. 26
6. 40
7. 48
8. 1010
9. 22 shoes
10. 25

Task 6c

6	1	8
7	5	3
2	9	4

15

10	2	9
6	7	8
5	12	4

21

11	3	10
7	8	9
6	13	5

24

Task 6d

1. 26
2. 76
3. 10
4. 25
5. 21
6. £15
7. 1000 metres
8. 20
9. 20
10. 400

Task 7a

1. 8
2. 10
3. 33
4. 21
5. 11
6. 45
7. 8 coins
8. 103
9. 42
10. 1029

Task 7b

1. 111, 110, 101, 100
2. Even
3. 110 km/h
4. 60
5. 10, 15, 40
6. £1.50
7. 20 horse-shoes
8. 10 litres
9. 10
10. 14th February

Task 7c

1. 6
2. 10
3. 66
4. 100
5. 30
6. 41
7. 798
8. 26th December
9. 26
10. 13

Task 7d

1. a. Friday
   b. Saturday
   c. Sunday
   d. Saturday
   e. Monday (leap)
2. a. 6th November
   b. 3rd November
   c. 28th November
   d. 19th November
   e. 5th November

Task 8a

Island	Mainland
8:15 a.m.	9:00 a.m.
10:15 a.m.	9:30 a.m.
10:45 a.m.	11:30 a.m.
12:45 p.m.	12 noon
1:15 p.m.	2:00 p.m.
3:15 p.m.	2:30 p.m.

Task 8b

$3\ 4$ $\begin{array}{c}1\ 2\\5\ 6\end{array}$

$2\ 5$ $\begin{array}{c}1\ 4\\3\ 6\end{array}$

$1\ 6$ $\begin{array}{c}2\ 3\\5\ 4\end{array}$

$\begin{array}{c}1\ 4\\2\end{array}$ $\begin{array}{c}3\ 5\\6\end{array}$

Task 8c

1 25 cm
2 West
3 One fifth
4 35p
5 A stamp
6 95 cm
7 6 goals
8 Quarter to 4
9 About 10 m
10 2 sweets

Task 8d

1 7
2 Odd
3 24
4 12
5 35
6 100
7 18
8 104
9 40
10 1000 g

Task 9a

8 1 22 5
1
14 9 3 5
4 1 25

HAVE
A
NICE
DAY

Task 9b

a.
$5+3-1+3-5=5$
or
$5-3+1-3+5=5$

b.
$12-3+4-5+6=14$

Task 9c

1 10 rectangles
2 −5
3 20 coins
4 763
5 6 hours
6 500 ml
7 7
8 5 tickets
9 8 cm
10 26p

Task 9d

1 27
2 6
3 21
4 38
5 8
6 20
7 177
8 40
9 67
10 350

Task 10a

1 64
2 12
3 23
4 44
5 491
6 6
7 −1
8 390
9 33
10 50p, 20p, 5p, 1p

Task 10b

1 30 chicks
2 2
3 180°
4 15
5 76 and 56
6 1 hr (or adjust)
7 Three quarters
8 A triangle
9 £1.10
10 23 °C

Task 10c

1 15
2 8
3 157
4 6
5 23
6 24
7 475
8 50p, 20p, 20p
9 33
10 1000

Task 10d

a.

4	3	5	6
4	4	3	1
7	0	8	3
1	7	0	4

b.

6	4	7	1
5	5	4	8
2	8	3	5
3	7	2	10

Task 11a

1 5 children
2 25p
3 A circle
4 6 scones each
5 600
6 50p, 20p, 2p
7 250 g
8 4 left over
9 7 rows
10 40 seconds

Task 11b

1 5
2 12
3 21
4 31
5 45
6 370
7 357
8 5 coins
9 7
10 3

Task 11c

1 22
2 0
3 47
4 246
5 92
6 15 minutes
7 21
8 A cylinder
9 35
10 £1.09 is less

Task 11d

[1 1] [1 6] [6 5]
[2 2] [2 4] [4 6]
[2 2] [2 5] [5 4]*
[3 3] [3 5] [5 1]
[4 4] [4 1] [1 6]
[4 4] [4 3] [3 2]
[5 5] [5 1] [1 3]
[5 5] [5 2] [2 1]

*Shown in example

Task 12a

1   90°
2   150g
3   £1.60
4   4 left over
5   345
6   40
7   10p
8   15
9   18
10   Three fifths

Task 12b

1	2	4	8
5	⊗3	2	3
7	7	1	⊗6
2	6	3	9

Task 12c

1   55
2   6
3   25
4   60
5   227
6   11
7   410
8   A sphere
9   £2.67
10   9

Task 12d

1   A circle
2   £4.30
3   6 packets
4   Seven 5s
5   £3.60
6   –5°C
7   £60
8   2101
9   4 people
10   8 triangles

Task 13a

1   10:30 a.m.
2   1 hr 30 mins
3   45 people
4   After midday
5   10 people
6   5 people
7   30 empty seats
8   £5
9   60
10   200 seats

Task 13b

6 houses in Lime Street.

Task 13c

1   £3
2   45 seconds
3   5 litres
4   400
5   2
6   6 ribbons
7   5 faces
8   80
9   2p left over
10   50p, 5p, 2p

Task 13d

1   30
2   18
3   12
4   3
5   30
6   Nearer 100
7   62
8   15
9   16
10   8

Task 14a

1   28
2   20
3   470
4   12
5   63
6   × (times)
7   45 seconds
8   0.5
9   25 coins
10   900

Task 14b

1   £4.50
2   110 sweets
3   White
4   20
5   4°C
6   5 coins
7   5005
8   £11.05
9   £3.60
10   14 squares

Task 14c

Other solutions are possible.

1p	4p	3p	2p
2p	3p	4p	1p
4p	1p	2p	3p
3p	2p	1p	4p

Task 14d

1   27
2   10
3   15
4   145cm
5   246
6   50p, 50p, 1p
7   980
8   + (plus)
9   6 faces
10   0.25

Task 15a

1   30
2   2
3   22
4   2.26 metres
5   338
6   A cuboid
7   80
8   50p,20p,5p,2p
9   0.9
10   200

Task 15b

1   501, 500, 499
2   9 cakes
3   18th
4   8 hours
5   21
6   50p, 80p
7   £6.04
8   140kg
9   9 choc-drops
10   6 baskets

Task 15c

1   Even
2   25
3   140cm
4   38
3   3169
6   12 edges
7   32
8   70
9   No
10   10

Task 15d

Answers: *Mental Maths 3*

Mental Maths 3 builds on *Mental Maths 2*, and is mainly for nine- to ten-year-olds. It introduces the addition and subtraction of a single digit, and of multiples of 10 or 100, to or from any two- or three-digit number. Multiplication tables for 2s to 6s and 10s are covered. Multiplication and division of up to three-digit whole numbers by 10 or 100 is introduced. Knowledge of place value up to 10000, and of tenths then hundredths as decimals, is drawn upon. Thirds, sixths and eighths are introduced, also simple areas and perimeters, the gram, millimetre and millilitre, and angles measured in multiples of 30°.

Task 1a
1   36
2   12
3   15
4   18
5   56
6   11
7   27
8   £1.25
9   60
10   18

Task 1b
1   8 right angles
2   Grams
3   1022, 1202, 2012
4   £1.20
5   Three eighths
6   £6
7   Two thousands
8   7 boxes
9   10 millimetres
10   2 metres

Task 1c

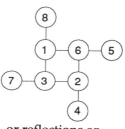

or reflections or
rotations of this.

Task 1d
1   64
2   18
3   12
4   56
5   0
6   40
7   420
8   8 corners
9   16
10   13

Task 2a
1   2017
2   £1.50
3   4210
4   360°
5   80
6   2.55 p.m.
7   8 times
8   Millilitres
9   40
10   50 grams

Task 2b
1   112
2   100
3   84
4   30
5   32
6   50 coins
7   50p
8   3510
9   68
10   7

Task 2c
1   24
2   9
3   6700
4   26
5   152
6   15p
7   199
8   102
9   32
10   30 coins

Task 2d

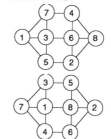

are two solutions.

Task 3a
1   35 days
2   30
3   49
4   50 millilitres
5   9, 3 and 1
6   368 cm
7   km (or miles)
8   8 right angles.
9   12 pairs
10   2.5 miles

Task 3b

Task 3c
1   5070
2   Apples
3   8 tables
4   £15.50
5   75
6   62p
7   6 faces
8   12
9   One quarter
10   4 scores

Task 3d
1   116
2   35p
3   500
4   98
5   27
6   20p
7   130
8   498
9   24
10   35

Task 4a

1. 67
2. 35
3. 27
4. 4300
5. 31
6. 20
7. 50
8. 4
9. 150
10. 38

Task 4b

Each line totals 23. Other arrangements are possible. With 5 or 9 in the centre, lines can be made to total 25 or 27.

Task 4c

1. 86
2. 32
3. 9
4. 33
5. 8
6. 40p
7. 22
8. 7
9. 300
10. 36

Task 4d

1. 28
2. 8 and 13
3. 13 and 7
4. 26
5. 7, 8 and 15
6. 11 and 13
7. No
8. 7, 13 and 15
9. 54
10. Carol:18 Mark:28

Task 5a

1. 47
2. 310
3. 36
4. 54
5. 15
6. 55
7. 0
8. 25
9. 36
10. 4

Task 5b

1. 1:35 (25 to 2)
2. 10
3. 7002
4. 7 teams
5. 20 minutes
6. 50
7. 1 metre
8. 5 children
9. 22
10. 96 miles

Task 5c

1. 7
2. 9
3. 5
4. 5
5. 6
6. 10
7. 12
8. 3
9. 8
10. 6

Task 5d

1. 38
2. 21
3. 7.5 or $7\frac{1}{2}$
4. 13
5. 31
6. 199
7. 28
8. 11
9. 25
10. 35

Task 6a

1. 12 cm
2. 18 and 21
3. £1,50p,10p,5p
4. A cuboid
5. 0.7
6. 2 left over
7. 200
8. 7 bags
9. 1 metre
10. 15 rectangles

Task 6b

1. 18
2. 66
3. 740
4. 55
5. 60
6. 18
7. 40
8. 9
9. 37
10. Nearer to 70

Task 6c

1. 45
2. 8
3. 33
4. 80p
5. 63
6. 45
7. 27
8. 32
9. 7
10. 250

Task 6d

1. 50
2. 45
3. 25
4. 55
5. 65
6. 35
7. 70
8. 70
9. 75

Task 7a

1. 94
2. 18
3. 20
4. 39
5. 47
6. 34
7. 74
8. 10
9. 16
10. 8

Task 7b

1. 13p
2. 1, −3
3. 5 coins
4. Three tenths
5. Yes
6. 1 hr 45 mins
7. 32 km
8. 61
9. 34p
10. 60 cm

Task 7c

1. 27
2. 36
3. 20 cm
4. 50
5. 35
6. 24
7. 1500
8. 7
9. 1 kg
10. 26 socks

Task 7d

Some solutions are:

Task 8a

1 0.69
2 34
3 97 cm
4 1500 grams
5 10 notebooks
6 90 minutes
7 110 cm (1.1 m)
8 6 days
9 3
10 52 weeks

Task 8b

[7]
[6 5 4 3 2 1]

[6 1]   [7 5 4 3 2]
[5 2]   [7 6 4 3 1]
[4 3]   [7 6 5 2 1]

[4 2 1] [7 6 5 3]

Task 8c

1 5 boxes
2 90
3 10 cm
4 3, 7, 11, 18
5 9 hundredths
6 12 edges
7 14 (7 pairs)
8 100 children
9 180°
10 Triangular prism

Task 8d

1 900
2 36
3 32
4 49
5 85
6 39
7 15 minutes
8 24
9 9 coins
10 150 cm

Task 9a

a.

Glasgow	09:00	09:40
Falkirk	09:15	09:55
Linlithgow	09:25	10:05
Edinburgh	09:55	10:35

b. 30 minutes

c.

Edinburgh	10:10	10:50
Linlithgow	10:40	11:20
Falkirk	10:50	11:30
Glasgow	11:05	11:45

Task 9b

11 cubes
3 cubes
6 cubes

Task 9c

1 10 buns
2 10 metres
3 5 coins
4 750 grams
5 40 cm
6 200 ml
7 3 right angles
8 500
9 Quadrilateral
10 1, 3, 5, 15

Task 9d

1 30
2 32
3 56
4 30
5 1.2
6 64
7 3
8 No
9 7 tenths (0.7)
10 750

Task 10a

1 31
2 26
3 54
4 2.5
5 5
6 200
7 8.5 or $8^1/2$
8 Three tenths
9 0.9
10 7

Task 10b

1 Yes
2 0.03
3 50p
4 90 mins (1.5 h)
5 1 hr 35 mins
6 April 2nd
7 20 cm
8 4 boxes
9 4:10 p.m.
10 Eight

Task 10c

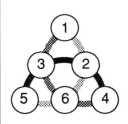

Task 10d

1 3 quarters ($^3/4$)
2 8
3 47
4 25
5 10.5 or $10^1/2$
6 21
7 60
8 Two fifths ($^2/5$)
9 22
10 5

Task 11a

1 15 minutes
2 3 boxes
3 Sphere
4 5
5 6 times
6 0, –5
7 4 m²
8 £2
9 20p
10 8 triangles

Task 11b

1 24
2 7
3 $3^1/4$ (3.25)
4 6
5 75
6 1.5 litres
7 33
8 81
9 1000
10 100

Task 11c

1 8
2 32
3 36
4 58
5 9
6 11
7 10
8 $1^1/4$ (1.25)
9 22
10 37

Task 11d

6	4	2
5		7
1	8	3

3	4	8
5		1
7	2	6

Task 12a

a. 1 hr 45 mins

b. 50 minutes

c. 25 minutes

d. 50 minutes

Task 12b

a. 8 cubes

b. 12 cubes

c. 6 cubes

d. 1 cube

Task 12c

1 120°
2 17 halves
3 45p
4 £20
5 91 days
6 5 faces
7 6cm
8 5 packets
9 7:50 (10 to 8)
10 £1.07

Task 12d

1 48
2 34
3 0.5 or $^1/2$
4 7
5 34
6 6
7 9.5 or $9^1/2$
8 21
9 4.2 or $4^1/5$
10 12

Task 13a

1 60p
2 £2.40
3 £1.20
4 70p
5 Putting
6 40p
7 To skate
8 £1.20
9 £7.70
10 £1.80

Task 13b

1 34
2 100
3 44
4 1.5 or $1^1/2$
5 20
6 100
7 8
8 0.75 kg
9 75
10 7

Task 13c

+	4	8	3	5	6
4	8	12	7	9	10
2	6	10	5	7	8
5	9	13	8	10	11
3	7	11	6	8	9

Task 13d

1 One sixth
2 0
3 55
4 62
5 500
6 7 coins
7 32
8 1000 metres
9 51
10 2

Task 14a

1 30
2 33
3 18
4 90
5 68
6 200
7 300
8 4
9 5
10 6cm

Task 14b

1 5:25 (25 past 5)
2 12
3 5p
4 2, 5, 12, 19
5 45
6 60p
7 84
8 4
9 28 quarters
10 6cm

Task 14c

M A G I C
7 5 3 1 4

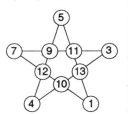

Task 14d

1 62
2 44
3 55
4 12
5 7
6 30
7 12
8 86
9 30
10 10.25 or $10^1/4$

Task 15a

1 30
2 3.5 or $3^1/2$
3 0.75
4 39
5 10
6 55
7 46
8 14
9 24
10 0.7 litres

Task 15b

1 3km
2 £20
3 96
4 450
5 6
6 2°C
7 2nd August
8 1.36m
9 90 seconds
10 10 coins

Task 15c

1 42
2 7
3 1000
4 One eighth ($^1/8$)
5 30
6 1
7 53
8 22
9 900
10 88

Task 15d

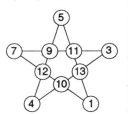

Answers: *Mental Maths 4*

Mental Maths 4 is suitable for most ten- to eleven-year-olds. It introduces addition and subtraction of pairs of two-digit numbers and the addition of a series of single digits. Tables to 10 × 10, and small multiples of 11 or 12, are covered. Multiplication and division of whole numbers by 10 or 100 is consolidated and extended to 1000. Simple fractions and percentages are included, with estimates of measurements, simple conversions of one metric unit to another and calculations of areas, volumes and perimeters. Terms like square, cube, multiple, and factor, types of angles, and some imperial measures in common use, are used.

Task 1a
1 74
2 42
3 15
4 70
5 70
6 3.21 metres
7 4.5 or $4^1/2$
8 11
9 16
10 400

Task 1b
1 33
2 40 litres
3 2017
4 15p
5 33 people
6 49
7 60p
8 44
9 13p
10 18 triangles

Task 1c
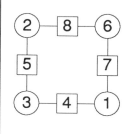

Task 1d
1 28
2 2.5 or $2^1/2$
3 58
4 49
5 93
6 758 pence
7 50
8 20
9 63
10 30

Task 2a
1 4 full crates
2 60p
3 480 km
4 3 kg
5 6
6 162
7 0.27, 0.9, 1.3
8 100 cm²
9 320
10 5 boxes

Task 2b
1 49
2 96
3 37
4 8.5 or $8^1/2$
5 64
6 72
7 15 coins
8 7
9 57
10 23

Task 2c
1 56
2 12
3 8
4 46
5 36
6 50
7 18
8 5.25 or $5^1/4$
9 15 coins
10 56 days

Task 2d
Greatest value is 33p. One solution is this.

5p	4p	2p
4p	1p	5p
3p	5p	4p

Task 3a
1 9
2 60p
3 30th March
4 80
5 24 cm²
6 180
7 18:20 hours
8 16p
9 11 days
10 60p

Task 3b
20p
35p
40p
55p
70p
75p
90p
£1.10

Task 3c
1 90° (270°)
2 2 metres
3 36
4 400
5 4
6 £120
7 6 litres
8 300
9 0.75 kg
10 4 cm²

Task 3d
1 56
2 16
3 22
4 8.25 or $8^1/4$
5 11
6 81
7 600
8 37
9 9
10 3150

Task 4a

1. 116
2. 9
3. 90p
4. 91
5. 7.25 or $7\frac{1}{4}$
6. 5000
7. 37
8. 40
9. 13
10. 8

Task 4b

Greatest total:
$9 + 7 + 6 + 8 = 30$
Smallest total:
$1 + 3 + 7 + 3 = 14$

With diagonal links
Greatest total:
$8 + 7 + 9 + 8 = 32$
Smallest total:
$5 + 3 + 3 + 4 = 15$

Task 4c

1. 6
2. 72
3. 32
4. 47
5. 7400
6. 45
7. 1 000 000
8. 19
9. 0
10. One eighth ($\frac{1}{8}$)

Task 4d

1. 48
2. in
3. is
4. 65
5. as
6. 56
7. 8
8. 40
9. 24
10. 400

Task 5a

1. 110
2. 6500
3. 38
4. 12
5. 75
6. 26
7. 4
8. 18
9. 9
10. 18

Task 5b

1. 17p
2. 10 metres
3. A kite
4. Six eighths
5. 6
6. 9
7. £54
8. 200 ml
9. 600
10. 120°

Task 5c

a.

20	1	12
3	11	19
10	21	2

b.

1	15	14	4
12	6	7	9
8	10	11	5
13	3	2	16

Task 5d

1. 59
2. 4
3. 4000
4. 29
5. 71
6. 81
7. 16
8. 24
9. 21
10. 7

Task 6a

1. 39p
2. 7 days
3. 30 metres
4. £1.28
5. 43 210
6. Tuesday
7. 10027
8. 1.4 metres
9. 7
10. 25%

Task 6b

1. 81
2. 63
3. 8
4. 100
5. 24
6. 18
7. 12
8. £3.50
9. −1
10. 44

Task 6c

Two solutions are:

1	6	7
8	9	4
3	2	5

1	2	3
8	9	4
7	6	5

Task 6d

1. 71
2. 20
3. 23
4. 216
5. 10
6. 29
7. 0.7 litres
8. 44
9. 11
10. 550 pence.

Task 7a

1. 100
2. 68
3. 27
4. 19
5. 71
6. Five tenths
7. 143 cm
8. 40
9. 22
10. 84

Task 7b

1. 90p
2. 208
3. 3 boxes
4. 1.6, 0.61, 0.16
5. 24 cm³
6. 8 km
7. 470 (or 475)
8. 60°
9. 70%
10. 11 triangles

Task 7c

1. 34
2. 508
3. 14
4. 26
5. 75
6. 6
7. 595
8. 1560 mm
9. 42
10. 15 quarters

Task 7d

A	B	C	D	E	F
4	8	9	1	3	6

a. $E + F = C$
b. $F + B = DA$
c. $E \times F = DB$
d. $F \times B = AB$

Task 8a
1   35 cm²
2   3 004 007
3   54 marbles
4   63 days
5   A trapezium
6   Two sixths
7   25 cm²
8   400
9   24
10   45p

Task 8b

Put 26 kg in each suitcase.

18 kg and 8 kg in one suitcase.

3 kg, 14 kg, 7 kg and 2 kg in the other suitcase.

Task 8c
1   30°
2   100
3   44p
4   50%
5   45 seconds
6   103 060
7   15 °C
8   5 crates
9   25 cm
10   6 paths

Task 8d
1   27
2   3
3   8
4   48
5   84
6   100
7   5500 ml
8   27
9   300
10   3 hundredths

Task 9a
1   37p
2   66p
3   48p
4   35p
5   20p
6   58p
7   £1.80
8   £2.20
9   18p
10   £3.30

Task 9b

a.
$$\begin{array}{r} 46 \\ +\ 28 \\ \hline 74 \end{array}$$

b.
$$\begin{array}{r} 38 \\ -\ 29 \\ \hline 9 \end{array}$$

c.
$$\begin{array}{r} 33 \\ +\ 87 \\ \hline 120 \end{array}$$

Task 9c
1   30 cm
2   42 millimetres
3   40%
4   9
5   7
6   20 pens
7   £2.74
8   13
9   1 500 000
10   75 bottles

Task 9d
1   246
2   16
3   64
4   34
5   29
6   85
7   3600 metres
8   496
9   4050
10   No

Task 10a
1   3.4 or 3²/₅
2   43
3   £0.60 or 60p
4   83
5   39
6   6068
7   50
8   1800 grams
9   One eighth
10   3 thousandths

Task 10b
1   £4.07
2   1.1 metres
3   Four sixths
4   36, 43
5   Parallelogram
6   No
7   23
8   1936
9   8 boxes
10   11 cm² or 12 cm²

Task 10c

$$\begin{array}{r} 5\ \ 4 \\ \times\qquad 3 \\ \hline 1\ \ 6\ \ 2 \end{array}$$

Task 10d
1   91
2   56
3   4.2 or 4¹/₅
4   27
5   50
6   241
7   300 cm
8   5903
9   65
10   300 (or 270)

Task 11a
1   120°
2   5
3   35 miles
4   1.6 metres
5   1000
6   £5000
7   12 ribbons
8   £1.32
9   6 km
10   A sphere

Task 11b
1   27
2   51
3   5.4 or 5²/₅
4   13
5   0.65 litres
6   20 millimetres
7   0.125
8   112
9   3 dozen
10   207

Task 11c
1   72
2   76
3   10000
4   69
5   6.6 or 6³/₅
6   126
7   0.85 kg
8   26
9   2
10   2500

Task 11d

Total	200	50
Red	28	7
Yellow	56	14
Pink	44	11
Purple	52	13
White	20	5

Task 12a

1   A and D (27)

2   A and E (9)

3   B and C (32)

4   B and E (81)

5   A and C (0.7)

Task 12b

×	4	8	3	5	6
7	28	56	21	35	42
2	8	16	6	10	12
5	20	40	15	25	30
9	36	72	27	45	54

Task 12c

1   13°C
2   288
3   75p
4   32, 76, 130
5   1 (or 1.0)
6   a. 140 b. 235
7   £9.06
8   0.375
9   Cylinder
10   30

Task 12d

1   236
2   110
3   18
4   32
5   23
6   141
7   3 (or 3.0)
8   9
9   1800
10   1, 2, 3, 4, 6, 12

Task 13a

1   33 and 17
2   25 and 13
3   17 and 18
4   18 and 33
5   34 (d17)
6   13 and 28
7   a. 48 b. 86
8   28
9   d13 and d17
10   17 and 33

Task 13b

1   1990
2   46
3   54
4   136
5   32
6   7
7   26
8   0.025 litres
9   42
10   6400

Task 13c

¹1	6	²1
³1	2	1
5	⁴2	7

Task 13d

1   8.4
2   143
3   4007
4   126
5   52
6   75 coins
7   67
8   0.036 kg
9   33
10   48 months

Task 14a

1   153
2   54
3   16
4   23
5   15
6   425
7   10.8 or 10⁴/₅
8   0.075 km
9   One eighth (¹/₈)
10   99

Task 14b

1   £2.73
2   8 ounces
3   £10
4   Cone
5   4.3
6   0.45 metres
7   70
8   2000
9   304
10   a. 700 b. 350

Task 14c

For example,

182	236	519
493	745	327
675	981	846

Other solutions are possible.

Task 14d

1   41
2   15
3   24
4   Yes
5   144
6   Four eighths
7   77
8   0.085 metres
9   49
10   60

Task 15a

1   26
2   9.8 or 9⁴/₅
3   36
4   10000
5   143
6   16 ounces
7   9
8   0.1 kg
9   20
10   No

Task 15b

1   210°
2   20p (£0.20)
3   1000 miles
4   180
5   6 ways
6   8p
7   57, 59, 61
8   207015
9   21
10   6 and 6

Task 15c

1   125
2   35
3   36
4   183
5   400
6   34
7   0.05 km
8   16
9   2100
10   8 pints

Task 15d

T R I C K
12 14 11 8 10

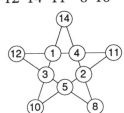

Answers: *Mental Maths 5*

Mental Maths 5 is suitable for many 11- and 12-year-olds. It includes addition and subtraction of pairs of two-digit whole or decimal numbers, and addition of a series of single digits. Multiplication facts to 10×10, and multiplication and division of whole numbers and decimals by 10, 100 or 1000, are reinforced and extended to estimates of approximations. The book includes: simple fractions and percentages; common imperial units; calculations of areas, volumes and perimeters; properties of 2D and 3D shapes; simple line and rotational symmetry and co-ordinates in the first quadrant. Terms like square, square root, cube, multiple, factor and prime are used, and the mean (average) of a set of data.

Task 1a
1   45
2   12
3   76
4   8p
5   2
6   89
7   Yes
8   6
9   53
10   400

Task 1b
1   10
2   30
3   134
4   £5.40
5   100
6   Odd
7   5cm
8   30 quarters
9   252
10   6kg

Task 1c
Any arrangement with odd numbers in the centre and corners, such as:

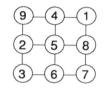

Task 1d
1   8
2   0.6
3   15
4   75
5   63
6   460
7   36
8   31
9   15
10   23 coins

Task 2a
1   3
2   £18
3   4
4   380, or 400.
5   25p
6   24
7   12 hours
8   700
9   25 cubes
10   75%

Task 2b
1   7
2   52
3   32
4   35
5   17
6   81
7   0.04
8   No
9   13
10   6.27 metres

Task 2c
1   100
2   135
3   160
4   75
5   11
6   1500
7   0.7
8   22
9   8
10   10kg

Task 2d

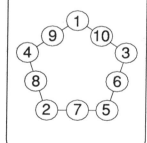

Task 3a
1   Six eighths
2   32cm
3   1000050
4   $2^1/4$
5   150
6   20000
7   450
8   64
9   200
10   £4.50

Task 3b

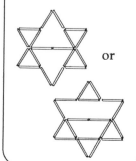

or

Task 3c
1   48 hours
2   Three eighths
3   Remainder 2
4   0.6, 1.3, 1.7, 2.1
5   5 cups
6   700
7   Nine 5p coins
8   5 tiles
9   800
10   240°

Task 3d
1   32
2   56
3   397
4   90
5   50p
6   10
7   59
8   No
9   26
10   350

Task 4a

1	92
2	833
3	12
4	97
5	64
6	12
7	23
8	0.08
9	2130
10	32

Task 4b

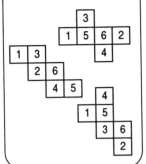

Task 4c

1	45 grams
2	39
3	20
4	48
5	0.2
6	Yes
7	8
8	200
9	371
10	62

Task 4d

THIS
BOOK
IS
FUN

Task 5a

1	7
2	68
3	20
4	125
5	48
6	27
7	0.003
8	268
9	0.4 kg
10	81

Task 5b

1	63 days
2	8 tiles
3	40
4	5p
5	1.65
6	26cm
7	4 units
8	30
9	350ml
10	£1.20

Task 5c

17	35	48
17	38	45
17	41	42
19	39	42
20	35	45
20	38	42
20	39	41
23	35	42
23	38	39
26	35	39

Task 5d

1	60
2	250
3	No
4	900
5	40
6	8
7	14
8	£6.30
9	102
10	£50

Task 6a

1	54cm²
2	Hexagon
3	304
4	3 crates
5	7
6	56 millimetres
7	7°C
8	7
9	38%
10	20235

Task 6b

1	1000
2	18
3	50
4	5800
5	98
6	0.7
7	106
8	36
9	One tenth
10	2000

Task 6c

⁴4	²2		³1	⁴1	⁵5
⁶1	3	⁷4		⁸2	5
9		⁹4	¹⁰9	0	
		¹¹2	0	0	¹²6
¹³6	4		¹⁴9	¹⁵4	5
¹⁶3	7	2		¹⁷9	1

Task 6d

1	5000
2	48
3	4475
4	19
5	350
6	64
7	660cm
8	108
9	4.5 metres
10	71

Task 7a

1	42000
2	6423
3	56
4	35
5	49
6	17
7	0.4
8	10000mm
9	92
10	1 kilometre

Task 7b

1	(3,7)
2	850, or 875
3	4 squares
4	0.7, 0.6, 0.3, 0.1
5	80%
6	26
7	504
8	2009
9	£13.06
10	Footprint

Task 7c

1	90
2	459
3	400
4	16
5	6
6	Yes
7	5.5km
8	9
9	84
10	500

Task 7d

1

2

Task 8a
1. 57
2. 1000
3. 33
4. 6006006
5. The letter p
6. £2.83
7. 1.3
8. 3000
9. £4.50
10. One litre

Task 8b
There are 15 ways. Each has 14 in the centre. Pairs on each side can be 8, 0 or 7, 1 or 6, 2 or 5, 3 or 4, 4. For example,

Task 8c
1. 5900, or 6000
2. 225°
3. 12
4. 8 boxes
5. 06300
6. 5 vertices
7. Two
8. 22 tiles
9. 64
10. Yes

Task 8d
1. 30
2. 42
3. 927
4. 135
5. 4.1
6. 3 feet
7. 19
8. 84
9. £2.70
10. 1280cm

Task 9a
1. 2 goals
2. 16 goals
3. 3 goal matches
4. 20 matches
5. 50 goals
6. 2.5 goals
7. Six (6-1 and 7-0 to Rangers are impossible)
8. 3 ways

Task 9b
1. 160
2. £7.50
3. 37
4. 0.037
5. 100
6. 6
7. 18000
8. 1471
9. £8.10
10. 150mm

Task 9c
1. 0.5
2. 24 cubes
3. 25%
4. 2 hrs 40 mins
5. 7 weeks
6. 6 faces
7. 9999
8. 30
9. Two lines
10. 15ml

Task 9d

20 triangles altogether.

Side 1 unit: 12
Side 2 units: 6
Side 3 units: 2

Total: 20

Task 10a
1. 1800
2. 873
3. 78
4. £10.60
5. 48
6. No
7. 0.023 metres
8. 22
9. 27
10. 4800

Task 10b
1. Nine hundred
2. 2000 miles
3. 12
4. More
5. Two lines
6. 1lb parcel
7. April 3rd
8. 1.3
9. 2011
10. 3 positions

Task 10c

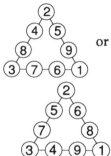

Task 10d
1. 5.5
2. 13.3
3. 68
4. 0.5kg or 500g
5. 850
6. 12 inches
7. 77
8. 12
9. 30
10. 93

Task 11a
1. 2.09, 0.92, 0.29
2. 1200m²
3. 103030
4. 99
5. 3 left over
6. Three faces
7. 2 metres wide
8. 210cm³
9. 4.5
10. 18 miles

Task 11b
1. 225
2. 39
3. 64
4. 9
5. 22
6. 16 ounces
7. 2
8. 2.8
9. 123
10. 5500ml

Task 11c
1. 72
2. 9.5
3. 56
4. 128
5. 0.75l or 750ml
6. 50
7. 50
8. 4200
9. 0.08km
10. £1.60

Task 11d

1.
1	2		1	3
3	4		2	4

2.
2	1		2	3
3	5		1	5

3.
1	2		1	4
4	9		2	9

Task 12a

There are 14 ways.

20, 20, 10	20, 19, 11
20, 18, 12	20, 17, 13
20, 16, 14	20, 15, 15
19, 19, 12	19, 18, 13
19, 17, 14	19, 16, 15
18, 18, 14	18, 17, 15
18, 16, 16	17, 17, 16

Task 12b

All values from 24p on can be made, plus: 5p, 7p, 10p, 12p, 14p, 15p, 17p, 19p, 20p, 21p, 22p.

With 3p and 8p, all values from 14p on, plus 3p, 6p, 8p, 9p, 11p, 12p.

Task 12c

1. 225°
2. 50 grams
3. 4 faces
4. 56
5. 12800
6. 10 000 010
7. 11
8. 120 inches
9. −3°C is warmer
10. 4 lines

Task 12d

1. 24
2. 1 000 000
3. 6410
4. 184
5. 0.09
6. 305
7. 2 faces
8. 7
9. 48
10. 3000

Task 13a

1. 5 strips
2. 34 inches
3. 48 sq. inches
4. 18 sq. inches
5. 24 sq. inches
6. 102 sq. inches
7. 132 sq. inches
8. 144 cu. inches
9. 12 cu. inches
10. 25

Task 13b

1. 140
2. 4040
3. 910
4. 164
5. 125
6. 0.08
7. 25
8. 54
9. 1.5 cm
10. 1030 grams

Task 13c

+	34	18	13	29	46
24	58	42	37	53	70
32	66	50	45	61	78
45	79	63	58	74	91
17	51	35	30	46	63

Task 13d

1. 8
2. 1.03
3. 82
4. 7420
5. 47
6. 200
7. A hot day
8. 33
9. 36
10. 8200 mm

Task 14a

1. 420
2. 81
3. 3.9
4. 850
5. 2 litres
6. 6000, or 7200
7. 7840
8. 0.73
9. 123
10. 25

Task 14b

1. 5 faces
2. 20 lb (or 22 lb)
3. 23 and 29
4. 4 hrs 30 mins
5. 2
6. 0.005
7. 5 squares
8. One yard
9. £25 per month
10. 16 buses

Task 14c

1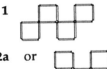

2a or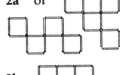

2b

Task 14d

1. 960
2. 2500
3. 136
4. 0.3
5. 3620
6. 63
7. 25
8. 19
9. 0.09 kg
10. 48 ounces

Task 15a

1. 4700
2. £1.20, or 120p
3. 2.8
4. 0.0034
5. 2460
6. 60
7. 111
8. 920
9. 0.075 litres
10. 216

Task 15b

1. 90°
2. 9 sq. units
3. 12 edges
4. 18 pairs
5. £900000
6. 3 metres
7. 61p
8. Four times
9. £2000 per year
10. 2 joined cones

Task 15c

1. 4
2. 0.19
3. 7290
4. 1050
5. 11.2
6. 0.0004
7. 28
8. 3200
9. 4000
10. 36 inches

Task 15d

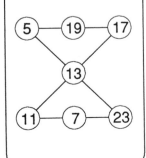

Answers: *Mental Maths 6*

Mental Maths 6 will suit many 13- and 14-year-olds. It revises earlier work, including multiplication and division by 25 and powers of 10, and short multiplication and division. Index notation is introduced. Other work includes ordering of decimals and negative numbers; estimates using approximations; the equivalence of simple decimals, fractions and percentages; simple calculation of scale, ratio or proportion; the creation of simple formulae and solution of simple linear equations. Work on shape and space includes properties of shapes; angles; symmetry; use of co-ordinates in all four quadrants; estimates of measurements, including speed; and calculations of areas, volumes and perimeters.

Task 1a

1. 12
2. 3000
3. 6.1
4. 87
5. 35
6. 480
7. 42
8. 470
9. −4°C
10. 4

Task 1b

1. 8 squares
2. 9
3. 60 mph
4. 14 bags
5. A or B
6. 9 edges
7. 0.75 m
8. 2 obtuse angles
9. 4 primes
10. 29 spots

Task 1c

For example:

$$
\begin{array}{ccc}
5 & 8 & 9 \\
+ \quad 2 & 6 & 3 \\
1 & 4 & 7 \\
\hline
9 & 9 & 9
\end{array}
$$

or variations.

Task 1d

1. 32
2. 0.5
3. 21
4. 495
5. −5
6. 8
7. 2.9
8. 6
9. 2.8
10. 144

Task 2a

1. 8
2. −6 and −8
3. 3 diagonals
4. 20 minutes
5. 6 routes
6. 4 lines
7. 4 vertices
8. 12 squares
9. 14
10. £450

Task 2b

1. 200
2. 13
3. One fifth ($^1/_5$)
4. 75
5. 9.4
6. 25
7. 108
8. 25
9. 900
10. 7°C

Task 2c

1. 0.056
2. 200 g
3. 46
4. No
5. 5 dozens
6. 12
7. 3.5
8. $^4/_5$
9. 14
10. 2

Task 2d

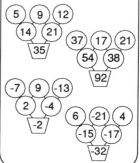

Task 3a

1. 10 litres
2. 0.05
3. Right hand
4. 4
5. 4.6 and 5
6. 6 primes
7. 9 units
8. 2 acute angles
9. 2 edges
10. 70 years old

Task 3b

a.
$$
\begin{array}{r}
38 \\
+ \ 97 \\
\hline
135
\end{array}
$$

b.
$$
\begin{array}{r}
36 \\
- \ 18 \\
\hline
18
\end{array}
$$

c.
$$
\begin{array}{r}
225 \\
\times \quad 7 \\
\hline
1575
\end{array}
$$

d.
$$
8\overline{)992} = 124
$$

Task 3c

1. 36 mph
2. 0.1 is largest
3. 14 squares
4. 18
5. 4 cubes
6. 4 straight lines
7. 15 tiles
8. 20 rows
9. 14
10. 12 triangles

Task 3d

1. 6
2. 9.0
3. 174
4. 48
5. 312
6. £1.40
7. 0.18 kg
8. 42
9. 27
10. No

Task 4a

1. 3.9
2. 16
3. 13
4. 5cm
5. 38
6. 75%
7. −19°C
8. 35
9. 200
10. 120

Task 4b

There are 15 different sets of four odd numbers with a total of 20. For example:

1, 1, 9, 9

1, 3, 5, 11

Task 4c

1. 24000
2. 78
3. £1.25
4. −2
5. 6.3
6. 43
7. 235
8. 32
9. 0.075 litres
10. 18

Task 4d

1. 10.5 km
2. 4.5 km
3. 12 km
4. Actual 38°
5. Actual 116°
6. Actual 128°
7. About 40 km

Allow reasonable variation for estimates.

Task 5a

1. $^5/8$
2. 16
3. 5
4. 5
5. 0.25
6. 300.5
7. 40
8. 30g
9. 6.8
10. 31

Task 5b

1. 0°F is colder
2. 2 tins
3. 3 lines
4. 1 edge
5. 11 cubes
6. 416
7. 4 planes
8. 0.125 is least
9. 120 mph
10. Circular

Task 5c

or

Task 5d

1. 16
2. 8.2
3. 0.28
4. 132
5. 3
6. 400
7. 0.002 metres
8. 52
9. 6 metres
10. 125

Task 6a

1. 3 edges
2. 12 intersections
3. 3 pairs
4. 10 minutes
5. £13 change
6. Five twelfths
7. H,I,N,O,S,X,Z
8. 13, 17, 37 or 79
9. 6 lines
10. 4 ways

Task 6b

1. 0.58
2. 3.8
3. 0.09
4. Yes
5. 1
6. 81
7. 100
8. 21
9. 50
10. 990

Task 6c

1
2

Task 6d

1. 40
2. 891
3. 80
4. 95
5. 46
6. 25g
7. 3.2
8. 40ml
9. Yes
10. 4000

Task 7a

1. 76
2. 60
3. 1.5
4. 990
5. 14
6. 0.072
7. 0.125
8. 61
9. 5 or 6
10. $a = 3$

Task 7b

1. 10 metres
2. 7 cubes
3. 4
4. 609
5. 8 cubes
6. 15 minutes
7. £5n
8. 0.091
9. £10.35
10. Yes

Task 7c

1. 6 mm (0.006m)
2. One sixth
3. 41
4. 282
5. 1.5 litres
6. 2
7. 7.4
8. 12.3
9. 29
10. $b = 4$

Task 7d

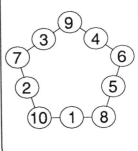

Task 8a

1. 14 (ex. I and J)
2. 96
3. 13 mph
4. 0.415
5. 90 or 91
6. 81
7. 18
8. Four tenths
9. 10
10. £7.80

Task 8b

8 different ways:
$1 + 1 + 4 + 144$
$1 + 4 + 64 + 81$
$1 + 36 + 49 + 64$
$4 + 9 + 16 + 121$
$4 + 16 + 49 + 81$
$9 + 16 + 25 + 100$
$16 + 36 + 49 + 49$
$25 + 25 + 36 + 64$
3 different ways:
$1 + 49 + 100$
$4 + 25 + 121$
$25 + 25 + 100$

Task 8c

1. 22 faces
2. 80p
3. Three quarters
4. (5,3)
5. 3 ways
6. 5 diagonals
7. 1250 m²
8. 3 (E, M, W)
9. 11
10. Torus (ring doughnut)

Task 8d

1. 225
2. 50
3. 0.01
4. 1.7
5. 375
6. 6cm
7. 3
8. 14
9. 1254
10. 162

Task 9a

Some examples:

```
11   BED,  FAD
13   HAD,  HE
17   ICE,  BACK
19   EGG,  DO
23   DEN,  AGO
29   PAL,  LOB
31   PAN,  PACK
37   TAP,  UP
41   PET,  LIT
```

Task 9b

1. 1000
2. 14.4
3. 90
4. 116
5. £4.95
6. 240
7. 1
8. 0.125
9. $a = 17$
10. 0.02

Task 9c

1. 262
2. 32
3. 24 sq. units
4. Two thirds
5. $w + 1$
6. 1 kilometre
7. 16
8. 1000
9. 266
10. 30 triangles

Task 9d

H is opposite L.

Task 10a

1. 0.003
2. 5.7
3. 0.375
4. −42
5. 14
6. 750m or 0.75m
7. 2.5
8. 210 metres
9. 0.001
10. $x = 4$

Task 10b

1. 37 tiles
2. 4 faces
3. 16 units
4. 10
5. 75p
6. 8 edges
7. 10 mph
8. b^2 cm²
9. 24 months
10. 8 cubes

Task 10c

¹8	²9	³6	0
⁴1	1	⁵7	⁶1
⁷9	⁸1	⁹6	5
¹⁰3	1	6	8

Task 10d

1. 12.5
2. 0.0001
3. 42
4. 17.0
5. 64
6. 108
7. 16
8. 147 days
9. 141
10. 5500 ml

Task 11a

1. 54 sq. units
2. 10000 mm²
3. 4 pairs
4. 2 faces
5. 1½ hours
6. $(a - 5)$ yrs old
7. 3 cubes
8. 39kg
9. 564
10. 9 cubes

Task 11b

1. 135
2. 99
3. 10
4. 5992
5. 20%
6. 17
7. 2
8. 325
9. 1112
10. 1.41

Task 11c

1. £2.80
2. 146
3. 235
4. 4
5. 11.2
6. 0.005
7. 0.6
8. 0.001
9. 30
10. 4965

Task 11d

For example,

```
 567    819    846
-218   -362   -519
 349    457    327
```

Other solutions are possible.
All solutions involve 'carrying'.

Task 12a

1	2
4	7

or

1	4
2	7

2	1
3	8

or

2	3
1	8

Task 12b

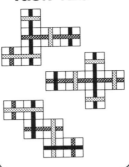

Task 12c
1. 26 cubes
2. 9 square units
3. 1000z metres
4. 35 miles
5. 18cm²
6. Straight line
7. y^3 cm³
8. £14.80
9. 3672
10. 4 hours

Task 12d
1. 0.001
2. 80
3. £1.05
4. 7.9
5. 375
6. 35
7. 0.07
8. 0.1
9. $x = 6$
10. 354

Task 13a
1. 6 ways
2. 4 ways
3. No
4. 41 grams
5. 67 grams
6. In ⌐ Out
7. 27 grams
8. 13 grams

Task 13b
1. 10000
2. 404
3. 800
4. 17
5. 725
6. 0.85
7. 11.3
8. 0.325
9. 8500 metres
10. 4899

Task 13c

29	AEG	BGI
ABE	AEI	CDE
ABF	AFI	CEG
ABG	BCE	CGI
ABI	BCG	CHI
ACD	BCH	DEG
ACE	BCI	DFH
ACG	BEF	EFI
ACI	BEI	EGI
ADG	BGH	GHI

Task 13d
1. 80
2. 37
3. £320
4. 3.7
5. 1500
6. 4.485kg
7. 252
8. 89
9. 3248
10. 141

Task 14a
1. 930
2. £69
3. 72
4. 10.5
5. 0.003
6. 117
7. 125000
8. 35
9. ³/25
10. 19

Task 14b
1. 60 drops
2. 45
3. (−4,6)
4. 62
5. 42 miles
6. 2500
7. 15 edges
8. $(100 − x)$cm
9. A circle
10. 12.5%

Task 14c

1

2

3

Task 14d
1. 345
2. 460
3. 0.4
4. 2
5. 1.22
6. 10000
7. 63
8. 1.25l or 1250ml
9. 628
10. 65

Task 15a
1. 64
2. 16
3. 0.0003
4. £120
5. 875
6. 975
7. 28.5cm
8. 11.2
9. 1000000
10. 3 score

Task 15b
1. 8 edges
2. 12 mph
3. 24 strips
4. 56 cubes
5. 10 metres
6. 7 places
7. 3 shapes
8. $2(a + 1)$ or $2a +2$
9. Two (53, 59)
10. £10.64

Task 15c
1. 150%
2. 64
3. 498
4. 196
5. 6000
6. −3
7. 100
8. 8
9. 3250
10. 82

Task 15d

2	1	9
4	3	6
6	5	7

Or, with first column last, 192 at top. Another solution has 273 or 327 at top.